BEI GRIN MACHT SICH IHR WISSEN BEZAHLT

AF148909

- Wir veröffentlichen Ihre Hausarbeit,
  Bachelor- und Masterarbeit

- Ihr eigenes eBook und Buch -
  weltweit in allen wichtigen Shops

- Verdienen Sie an jedem Verkauf

Jetzt bei www.GRIN.com hochladen und kostenlos publizieren

Franziska Wiechert

Werther als Wanderer – Lösung oder Irrweg?

Literatur und Sprache der Empfindsamkeit und des Sturm und Drang – Johann Wolfgang von Goethe: „Die Leiden des jungen Werther"

GRIN Verlag

Bibliografische Information der Deutschen Nationalbibliothek:

Die Deutsche Bibliothek verzeichnet diese Publikation in der Deutschen National-
bibliografie; detaillierte bibliografische Daten sind im Internet über http://dnb.d-
nb.de/ abrufbar.

Impressum:

Copyright © 2011 GRIN Verlag GmbH
Druck und Bindung: Books on Demand GmbH, Norderstedt Germany
ISBN: 978-3-656-36619-5

Dieses Buch bei GRIN:

http://www.grin.com/de/e-book/205006/werther-als-wanderer-loesung-oder-irrweg

GRIN - Your knowledge has value

Der GRIN Verlag publiziert seit 1998 wissenschaftliche Arbeiten von Studenten, Hochschullehrern und anderen Akademikern als eBook und gedrucktes Buch. Die Verlagswebsite www.grin.com ist die ideale Plattform zur Veröffentlichung von Hausarbeiten, Abschlussarbeiten, wissenschaftlichen Aufsätzen, Dissertationen und Fachbüchern.

Besuchen Sie uns im Internet:

http://www.grin.com/

http://www.facebook.com/grincom

http://www.twitter.com/grin_com

Landesinstitut für Lehrerbildung
Außenstelle Bernau
Studienseminar
Breitscheidstraße 46
16321 Bernau

Planung für den Unterrichtsbesuch im Rahmen des Vorbereitungsdienstes für
das Lehramt an Gymnasien im Fach Deutsch

Thema der Unterrichtseinheit: Literatur und Sprache der Empfindsamkeit und
des Sturm und Drang – Johann Wolfgang von Goethe: „Die Leiden des jungen
Werther"

Thema der Unterrichtsstunde: Werther als Wanderer – Lösung oder Irrweg?

Schule: Gymnasium
Datum: Freitag, 27.05.2011
Uhrzeit: 07:30-08:15
Kurs: Leistungskurs Deutsch 4

Inhaltsverzeichnis

1. Curriculare Einordnung

Der Unterricht der Prüfungsstunde leitet sich aus den Grundsätzen, den Inhalten und Kompetenzen des Rahmenlehrplans für den Unterricht in der gymnasialen Oberstufe im Land Brandenburg (Deutsch)[1] ab. Während die konkreten Grundsätze, Inhalte und Kompetenzen unter dem Punkt „Didaktischer Kommentar" erläutert werden sollen, soll an dieser Stelle erwähnt sein, dass sich das heutige Unterrichtsvorhaben in eine Unterrichtseinheit einreiht, welches sich thematisch mit der „Literatur und Sprache der Empfindsamkeit und des Sturm und Drang" befasst. Darauf aufbauend befasst sich der Unterricht mit dem Werk Johann Wolfgang von Goethes „Die Leiden des jungen Werther", ein zeithistorisch sehr bedeutender Briefroman, welcher als Ganzschrift im Unterricht behandelt wird. Im Vorfeld der Behandlung dieses Romans haben sich die SuS mit der Lyrik im „Sturm und Drang" beschäftigt, welche unter anderem einen Schwerpunkt der Abiturvorbereitung darstellt.

Planungszusammenhang der Unterrichtssequenz zu „Die Leiden des jungen Werther"

Stunde	Thema	Inhalt (Schwerpunkte)
1	„Die Leiden des jungen Werther" – Heute noch ein Kultroman?	- Analyse zeitgenössischer Rezeptionen - Was hat dieses Werk zum Kultroman werden lassen? - Positionierung hinsichtlich der Leitfrage der Stunde
2/3	Struktur des Romans	- Spannungsaufbau - Erarbeitung von Zäsuren, Wendepunkten - Herausarbeiten wichtiger Briefe
4/5	Ankunft des Werthers	- Wirkungen des neuen Ortes auf Werther - Natur als Paradies
6	Die Gattung „Briefroman"	- Subjektivität als kennzeichnendes Merkmal des Briefromans
7/8	Erste Begegnung zwischen Werther und Lotte	- Analyse des Briefes vom 16.Juni 1771
9	Liebt Lotte Werther?	- Anhaltspunkte für Zuneigung Lottes hinsichtlich Werthers anhand verschiedener Briefe finden und evtl. widerlegen
10/11	Charaktervergleich: Werther/Albert	- Charaktervergleich anhand des

---

[1] Landesinstitut für Schule und Medien (LISUM): Hinweise zum Unterricht in der Jahrgangsstufe 11 im Land Brandenburg – Deutsch, Ludwigsfelde 2007, S.7.

12	Naturdarstellung als Spiegelbild der Seele	Briefes vom 12.August - Was schätzt Lotte an den jeweiligen Charakteren - zeichnerische Darstellung der Briefe vom 10.Mai/18.August
13	Die Gesandtschaftsepisode	- Darstellung des Scheiterns Werthers an der Gesellschaft
14	**Werther als Wanderer – Lösung oder Irrweg?**	**- SuS kennzeichnen den Weg des Werthers (Motive für das Ankommen, Gründe für das Weggehen)**
15	Etappen des Niedergangs Werthers	- Erarbeitung von Stationen des Leidens (Naturdarstellungen)
16/17	Der Selbstmord Werthers	- Darstellung der Stationen, die zum Selbstmord Werthers führen
19	Reflexion	- Abschlussdiskussion

2. Die situative Analyse

Der Deutschunterricht im Leistungskurs 4 der Doppeljahrgangsstufe 11/12 erfolgt im Umfang von fünf Wochenstunden, von denen ich drei, mein Ausbildungslehrer zwei Unterrichtsstunden hält. Im Vorfeld der Sequenz gab es aus diesem Grunde eine präzise Absprache bezüglich der Inhalte der einzelnen Stunden. Ich habe diesen Kurs erst mit Beginn des Kalendermonats Mai übernommen. Die Darstellung des Leistungsstandes der SuS beschränkt sich daher weitestgehend auf meine Beobachtungen (Mitarbeit; Bewältigung von Aufgabenstellungen) im Unterricht.[2]

Die SuS sind 17 bis 18 Jahre alt und befinden sich somit am Ende der „mittleren Adoleszenz". In dieser Phase erleben die Jugendlichen viele Veränderungen in körperlichen und psychologischen Bereichen, d.h. es sind verschiedene Entwicklungsaufgaben (auf den Ebenen: Rolle, Peer, Beziehung, Beruf, Werte usw.) zu meistern, welches sich theoretisch auf das Unterrichtsgeschehen auswirken könnte. Es liegt nahe, dass SuS, welche sich in diesem komplexen Spannungsfeld der Entwicklungsaufgaben befinden[3], dem unterrichtlichen Geschehen aus entwicklungspsychologischer Sicht nicht immer konzentriert folgen können, obwohl sich die relevanten kognitiven Fähigkeiten entwickelt haben bzw. entwickeln. Die Motive hinter einem bestimmten Verhalten (z.B. Äußerung von Beiträgen) ändern sich: Auch wenn extrinsische Einflüsse (z.B. gute Noten) weiterhin bedeutsam erscheinen, so spielen intrinsische (z.B. Interesse an der Sache) eine wesentlich größere Rolle, als man es noch bei Kindern im Grundschulalter beobachten kann. Folglich muss das Unterrichtsgeschehen diese

---

[2] Die Klausuren werden von meinem Ausbildungslehrer begutachtet
[3] Oerter, Rolf/ Montada, Leo (Hg.): Entwicklungspsychologie. München. 2008, S.278.

Interessenlage beachten und die SuS mit entsprechenden Reizen und Herausforderungen (v.a.

Gegenwartsbezug, konsequentes Durchführen von Phasen der Problematisierung, regelmäßiger, aber maßvoller Einsatz von Gruppenarbeiten) konfrontieren.

Der Kurs besteht aus 20 SuS (elf Mädchen und neun Jungen) und setzt sich aus beiden Teilen des Doppeljahrganges zusammen. Die Unterrichtsatmosphäre ist meines Erachtens sehr angenehm, von gegenseitigem Respekt, Aufgeschlossenheit und Motivation geprägt. Während meiner Tätigkeit als Studienreferendar sind mir in dieser Klasse keine Auseinandersetzungen oder Konfliktsituationen zwischen den Schülern aufgefallen, die einer speziellen Erörterung bedürfen.[4]

Die folgende Einschätzung der SuS hinsichtlich ihres Leistungsverhaltens lässt ein detaillierteres Bild zu, wobei es kaum möglich ist, die SuS in Gruppen zusammenzufassen:

*******: Sie bereichern durch ihre quantitativ und qualitativ hohe Mitarbeit den Unterricht. Ihre Beiträge sind durchdacht, weisen ein hohes Abstraktionsvermögen auf und zeugen von einer kritischen Reflexion der Unterrichtsinhalte.

``````: Ihre Mitarbeit im Unterricht ist ambivalent. Einerseits bereichert sie in einigen Phasen durch ihre Beiträge das Unterrichtsgespräch, andererseits gibt es aber auch Abschnitte, in denen sie über einen längeren Zeitraum kaum Aktivität aufweist. Ihre Beiträge weisen aber im Bereich des Transfers eine hohe Qualität auf.

********: Diese SuS fallen im Unterricht durch eine hohe Beteiligung auf, die aber nicht regelmäßig ist. Besonders bei den Schülern Lukas und Richard kann die Tagesform mitentscheidend für die Aktivität im Unterricht sein.

****: Diese Schülerin fällt durch eine hohe Aktivität im Unterricht auf, jedoch bewegen sich ihre Ausführungen im Unterricht oftmals lediglich im reproduzierenden Bereich.

********************: Diese SuS bringen sich oftmals nur nach Aufforderungen seitens der Lehrkraft in den Unterricht ein. Lediglich Nils und Nicole weisen in einzelnen Phasen des Unterrichts eine eigenständige Mitarbeit auf.

****: Eine eigenständige Mitarbeit dieser beiden Schüler ist kaum vorhanden. Ihr Leistungsverhalten kann als schwach charakterisiert werden.

Die Arbeitsweise des Kurses kann als sehr selbständig charakterisiert werden, was die Integration offener Unterrichtsformen begünstigt.

Der heutige Unterricht findet außerplanmäßig statt. Der zur Verfügung gestellte Raum ist den SuS bekannt. Die Voraussetzungen im Raum sind gut, um offenere Unterrichtsformen in den Unterricht zu integrieren.

---

[4] Seit Beginn des Schuljahres habe ich regelmäßig in diesem Kurs hospitiert und vertretungsweise unterrichtet.
``````

3. Didaktische Analyse

Der didaktische Schwerpunkt im heutigen Unterricht liegt im analytischen Bereich bezogen auf der Analyse und Interpretation literarischer Texte.

In den Abschnitten „didaktischer Kommentar", „thematische Strukturierung" und „Unterrichtsziele" erfolgt die Auseinandersetzung zur Rechtfertigung des gewählten Unterrichtsstoffes, Erläuterungen der entsprechenden didaktischen Aufbereitung sowie des Aufbaus und der Darstellung konkreter Zielsetzungen.

3.1 Didaktischer Kommentar

Da ich mich sowohl am so genannten Kompetenzmodell[5] als auch an der bildungstheoretischen Didaktik (W. Klafki) orientiere, soll zunächst auf zentrale Grundfragen zur Gegenwarts- und Zukunftsbedeutung sowie der Sachstruktur und der exemplarischen Bedeutung im Einzelnen eingegangen werden.

Gegenwartsbedeutung: Eine Gegenwartsbedeutung für die SuS ergibt sich insofern, dass sie sich anhand des Briefromans „Die Leiden des jungen Werther" mit emotionalen Themenspektren, z.B. Liebe, Gefühle, Gefühlsleiden auseinander setzen. Diese Aspekte stellen sicherlich im Leben der SuS, speziell in dieser Altersklasse, eine nicht zu unterschätzende Komponente dar. Sie identifizieren sich mit den Romanfiguren, kritisieren deren Handeln und werden befähigt, eigene Werturteile zu bilden. Unter Umständen können Handlungen der Romanfiguren mit eigenem Handeln in Beziehung gesetzt werden.

Exemplarität: Am Beispiel des Handelns des Werthers erkennen die Schüler grundlegende Charaktereigenschaften dieser Romanfigur. Es wird deutlich, dass durch die häufigen Ortswechsel die Eigenschaft zum Ausdruck kommt, in schwierigen oder prekären Situationen die Flucht zu ergreifen. Dieser Aspekt wurde an anderen Stellen der Behandlung des Romans ebenfalls herausgearbeitet bzw. thematisiert. Darüber hinaus wird den SuS bei der Analyse der Briefe vertiefend die Subjektivität und Emotionalität der Sprache des Werthers bewusst, die ebenfalls an anderen Punkten der Behandlung des Romans herausgearbeitet wurden.

Sachstruktur: Die Struktur des Vorgehens folgt einem inhaltlichen Ansatz, der in sich geschichtet ist. Auf inhaltlicher Ebene befassen sich die SuS schwerpunktmäßig mit dem zweiten Teil der Gesandtschaftsepisode und den darin beschriebenen Stationen/Orte, an denen sich Werther befindet. Die SuS entnehmen den einzelnen

---

[5] Bezug auf das Kompetenzmodell von Lehmann/Nieke

Briefen aspektorientiert Informationen. Einzelne thematische Elemente, die inhaltlich in dieser Unterrichtsstunde besprochen werden, wurden bereits in den letzten Stunden behandelt.

Zugänglichkeit: Da in der heutigen Unterrichtsstunde Aspekte des „Wanderns" des Werthers thematisiert werden sollen, müssen die SuS über entsprechendes Vorwissen verfügen. Neben grundlegenden Kenntnissen zum Aufbau des Werkes und für die Handlung entscheidende Briefe, müssen die SuS auch grundlegende Gefühle und Stimmungen Werthers kennen. Zudem müssen sie in der Lage sein, Aspekte oder Informationen aus den verschiedenen zu bearbeitenden Briefen zu entnehmen.

3.2 Thematische Strukturierung

Die zentrale Problemfrage der Unterrichtsstunde zielt auf eine Auseinandersetzung der SuS mit der Frage ab, ob das Motiv des Wanderns des Werthers als Irrweg oder Ausweg interpretiert werden kann.

Innerhalb des von mir moderierten Einstieges sollen die SuS auf das Problem der Stunde geführt werden, indem sie sich den Brief vom 16. Juni 1772 betrachten, die Stimmungslage aus dem Vorwissen erschließen und Werthers Selbstcharakteristik als „Wanderer" und „Waller" erkennen. Darüber hinaus erkennen die SuS, dass der Brief vom 16. Juni 1772, welcher der kürzeste Brief im Roman ist, genau ein Jahr nach dem „längsten" Brief im Roman verfasst wurde. Beide Briefe stehen in einem kontrastiven Verhältnis zueinander. Während der Brief aus dem Jahre 1771 dadurch gekennzeichnet ist, dass Werther in ihm sein Hochgefühl nach der ersten Begegnung mit Lotte ausdrückt, befindet er sich genau ein Jahr später an einem vorläufigen Tiefpunkt. Dieser Kontrast soll innerhalb des Einstieges von den SuS erkannt werden. Im Anschluss daran wird auf das Stundenthema übergeleitet werden und es sollen die bisherigen Stationen Werthers als Vorbereitung auf die Erarbeitungsphase an der Tafel dargestellt werden. Die Erarbeitungsphase sieht eine Gruppenarbeit vor, in der sich die SuS anhand der Briefe vom 5.Mai – 16.Juni mit den weiteren Wegstationen des Werthers beschäftigen sollen. Durch die Vorstellung und Erläuterung der Arbeitsergebnisse einer Gruppe beginnt die Sicherungsphase, in der die Arbeitsergebnisse an der Tafel festgehalten werden sollen. Der Sicherungsphase schließt sich der Transferphase an, in der Ausgangsproblem aufgegriffen wird und die SuS die Rückkehr Werthers nach Wahlheim zu Lotte im Hinblick der Problemfrage bewerten sollen.

Im Folgenden sollen, ausgehend vom Didaktischen Kommentar die Unterrichtsziele abgeleitet werden.

3.3 Unterrichtsziele

Grobziel:

Die Schülerinnen und Schüler erkennen anhand der Analyse der Briefe vom 5. Mai – 16. Juni, dass Werthers Wanderung/Flucht nicht als Lösung seiner Probleme, sondern als Irrweg charakterisiert werden kann. Er kehrt am Ende an den Ausgangspunkt seiner Flucht zurück.

Feinziele:

Die Schülerinnen und Schüler sollen...

Sachkompetenz

- Motive und Gründe Werthers für die jeweiligen Ortswechsel erschließen, indem sie die Briefe vom 5.Mai – 16.Juni und die darin enthaltenen Motive und Gründe für die jeweiligen Ortswechsel Werthers analysieren,

- erkennen, dass Werther an verschiedenen Orten seiner Wanderung scheitert,

Methodenkompetenz

- fassen Informationen, die sie aus einem literarischen Text entnommen haben, auf einem A3-Blatt geordnet dar,

Sozialkompetenz

- arbeitsteilig eine Aufgabenstellung zielorientiert bearbeiten und eigenverantwortlich innerhalb einer Kleingruppe Aspekte der Textvorlage entnehmen, diskutieren und darstellen,

Personale Kompetenz

- die Chance erhalten, ihr Selbstvertrauen aufzubauen bzw. zu stärken, indem sie ihre Arbeitsergebnisse vor der Klassen vorstellen.

4. Methodische Entscheidungen

Der heutige Unterricht orientiert sich an der üblichen Einteilung in Phasen nach Hilbert Meyer. Eine Einteilung in Phasen unterstützt generell die Lernprozesse der SuS und lenkt sie in ihrer Aufmerksamkeit.

Da die Tafel zu Beginn des Unterrichts geschlossen ist, wissen die SuS im Vorfeld der Unterrichtsstunde nicht, welches Thema am heutigen Tag behandelt wird. Zu Beginn der Unterrichtsstunde werden sie mit dem Brief vom 16.Juni 1772 durch das Aufklappen der Tafel konfrontiert. Ich habe die Form des Schüler-Lehrer-Gespräches in der Phase des Einstieges deshalb gewählt, weil eine Vielzahl der SuS im Kurs eine qualitativ gute Mitarbeit aufweisen und stets dem Unterrichtsgeschehen konstruktiv folgen. Die vorläufigen Ergebnisse sowie das Stundenthema sollen an der Tafel festgehalten werden. Dies begründet sich dadurch, dass eine Vorstrukturierung für die darauf folgende Phase vorgenommen wird, an der sich die SuS in der Erarbeitungsphase orientieren können.

Für die Erarbeitungsphase habe ich die Sozialform der Gruppenarbeit gewählt. Dies legitimiert sich durch den Stoffumfang der zu behandelnden Briefe. Darüber hinaus sollen sich die Gruppen selbständig organisieren und die Form der Darstellung auf einem A3-Papierbogen selbst wählen. Herausgearbeitete Aspekte sollen zudem innerhalb der Gruppe kritisch diskutiert werden. Gruppenarbeiten bieten zudem den Vorteil, dass sich die verschiedenen Gruppenmitglieder untereinander helfen können und Aufgaben übernehmen, die ihren Talenten entgegen kommen.

In der Sicherungsphase soll lediglich eine Gruppe durch eine Präsentation ihre Arbeitsergebnisse vorstellen. Die übrigen Gruppen sollen nicht unberücksichtigt bleiben, sondern im Anschluss ergänzend das von mir in der Einstiegsphase begonnene und in der Sicherungsphase erweiterte Tafelbild vervollständigen. Durch die Darstellung des Wanderns und der Ortswechsel des Werthers am Tafelbild sollen die SuS erkennen, dass er an allen Stationen scheitert. Bewusst soll dabei der letzte thematische Aspekt – die Rückkehr Werthers nach Wahlheim – ausgelassen werden.

Wiederum im Schüler-Lehrer-Gespräch sollen die gewonnenen Arbeitsergebnisse auf die Problemfrage der Unterrichtsstunde transferiert werden. Dazu soll zunächst der Brief vom 18.Juni 1772 gelesen werden, in dem Werther schreibt, dass er zu Lotte zurückkehren möchte. Die SuS sollen im Anschluss daran die Problemfrage selbständig bewerten, inwiefern es sich dabei um einen Ausweg oder Irrweg Werthers handelt. Die Bearbeitung dieses Aspektes schließt die Unterrichtsstunde ab.

5. Verlaufsplanung

Zeit	Phase	Unterrichtsinhalte	Aktionsform Sozialform	Medien
ca. 10 min	Einstieg	- Aufklappen der Tafel mit der zentralen Anschrift: „Ja wohl bin ich nur ein Wandrer, ein Waller auf der Erde! Seid ihr denn mehr?" (Brief vom 16.Juni 1772) - Selbstdarstellung des Werthers erkennen – Wanderer und Waller - erfragen von Stimmung/Gemütszustand des Werthers Überleitung zum Stundenthema: Werther als Wanderer – Lösung oder Irrweg? Zunächst: Wiederholung der bisher im Roman behandelten Stationen/Orte Werthers und Sicherung an der Tafel	Plenum S-L-Gespräch	Tafel
ca. 17 min	Erarbeitung	Aufgabenstellung: Arbeiten Sie anhand der Briefe vom 5.Mai 1771 – 16. Juni 1772 die verschiedenen Stationen Werthers heraus. Kennzeichnen Sie Motive, dorthin zu kommen sowie Gründe, von dort wegzugehen.	Gruppen-arbeit á drei SuS	A3-Blätter
ca. 10 min	Sicherung	- eine Gruppe erläutert ihre Arbeitsergebnisse - das zum Ende des Einstieges begonnene Tafelbild wird erweitert - andere Gruppen ergänzen evtl. - Verständigung über Motive und Gründe	Plenum	Tafel
ca. 8 min	Transfer	- Rückgriff auf das Thema und die Problemstellung der Unterrichtsstunde - Lesen des Briefes vom 18.Juni, in dem Werther unter einem Vorwand nach Wahlheim zurückkehrt - SuS bewerten den Rückgang nach Wahlheim: Ausweg oder Irrweg? - Beendigung der Unterrichtsstunde	Plenum	Tafel

6. Literatur

- Landesinstitut für Schule und Medien (LISUM): Hinweise zum Unterricht in der Jahrgangsstufe 11 im Land Brandenburg – Deutsch, Ludwigsfelde 2007

- Oerter, Rolf/ Montada, Leo (Hg.): Entwicklungspsychologie. München. 2008

- http://www.bildungsserver-mv.de/download/material/text-lehmann-nieke.pdf (Zugriff am 24.05.2011)